CHRISTMAS Arrives at Lajwahé

BLONYABE yɛ Lajwahe

BY FLORA A. TREBI-OLLENNU

◆

ILLUSTRATED BY LJUPKA STOJKOVA

AMERLEY TREB BOOKS

Christmas Arrives At LajwaHé/Blonyabe Yɛ Lajwahe
Text Copyright/Niŋmaa © 2021 Flora A. Trebi-Ollennu
Illustrations/Niteŋmɔi Copyright © 2021 Ljupka Stojkova
Cover Illustration © 2021 Ljupka Stojkova
Cover Design © 2021 Amerley Treb Books
Illustrations' Design Concepts/Niteŋmɔi Aheŋaa © 2021 Flora A. Trebi-Ollennu
Book Cover Concept/Wolosɛɛ Heŋaa © 2021 Flora A. Trebi-Ollennu

All rights reserved. No part of this book may be reproduced in any form or by any electronic or mechanical means, including information storage and retrieval systems, without permission in writing from the publisher, except by a reviewer who may quote brief passages in a review. For information regarding permission, write to Amerley Treb Books, P. O. Box 3009, Beaumont, Alberta, T4X 1K8, Canada, or e-mail amerleytrebbooks@gmail.com, or visit our website, amerleytreb-books.com.

Any person who does any unauthorized act in relation to this publication may be liable to criminal prosecution and civil claims for damages.

ISBN 978-1-894718-27-1 hardcover
ISBN 978-1-894718-28-8 softcover
ISBN 978-1-894718-29-5 ebook

Music Transcriptions
Anumnyam Yɛ Dwɛi Flooflo by mysheetmusictranscriptions.com
Afɔ Gbékɛ̃ Nu Ahã Wɔ by mysheetmusictranscriptions.com
Ɖulami Ni Jɛ Bokã by mysheetmusictranscriptions.com

Unless otherwise indicated Scripture quotations marked (NIV) are taken from the Holy Bible, New International Version®. NIV®. Copyright © 1973, 1978, 1984 by International Bible Society. Used by permission of Zondervan. All rights reserved.

Unless otherwise indicated, Scripture quotations marked (ESV) are from The ESV® Bible (The Holy Bible, English Standard Version®), copyright © 2001 by Crossway, a publishing ministry of Good News Publishers. Used by permission. All rights reserved.

This book is printed on paper suitable for recycling and made from fully managed and sustained forest sources. Logging, pulping and manufacturing processes are expected to conform to the environmental regulations for the country of origin.

A catalogue record for this book is available from Library and Archives Canada

Printed in China

Where to Find

4   Christmas Arrives at Lajwahé
         Blonyabe yɛ Lajwahe

42   What is Christmas
         Te Blonya shishi lɛ

48   Fun Facts About The Story
         Lajwahe Sajii Fioo Ko

52   Some Christmas Traditions
         Blonya Nifeemɔi Komɛi

56   Popular Gã Christmas Carols
         Gã Blonya Lalai

62   Ghanaian Christmas Accents
         Ghana Blonya Saamɔnibii

66   Ghanaian Christmas Treats
         Blonya Daŋjiemɔ Niyenii

70   1960s-70s Lajwahé Picture Map

O dear, O dear, says Christmas,
When he arrives in Lajwahé in mood for mass.

Nu éshwie tɛ nɔ ló! Blonya bi kɛ́ɛ,
Eshishɛɛ yɛ Lajwahé, eyiŋ fɛ̃ɛ kã sɔlemɔwé lɛ.

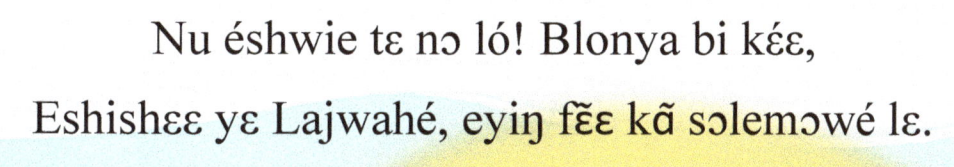

I see no Christmas huts in homes to greet,
Bright with lights where children thrill to meet,

Hooŋ . . . tooŋ! Blonyatsui, nyɛhéemi hĩɛmɛ̃ɛ
Kɛ nyɛkanei heŋheŋŋ, gbékɛ̃bii ahĩɛmɛ̃ɛ hé pɛ,

Or Christmas palms along roads and trails,
Sway to winds, chimes of Harmattan sails,
Rustle browning leaves, dry up streams,
Fog dawns, dust days, and fray skin seams.

Gbɛhe tɛ̃ŋi kɛ ŋãmli hu nɔ, nɛgbɛ nyɛ yɔɔ!
Nyɛhosóo kɛ kpée Aharabata abalai aŋãmɔ?
Kɔɔyɔɔ ni hãa baa gbijii lāa, faai tete tsɔ̃ɔ su,
Léebi afua ni tsɔ̃ɔ shia shwane, hewolo ofɛnɛɔ hu.

Before starting out on my cheerful glow,

Món dãni matsa mishɛɛ sane nɛɛ nɔ lɛ,

To singing and shouting voices of boys and girls,
Returning from boarding schools in whirls and twirls,
Resound loudly through lines of mammy trucks
Awash in canvas of poems and advice, harks
At concert parties return to villages
Where Kingsway, UTC, UAC, foreign images,
Cannot rearrange their delight in comedy sketches,
In which Bob Cole is king without blotches.

Kɛ skulgbékɛ̃bii alalai, blɔmɔi, jée no nɛ,
Amɛŋbɔleshi, amɛŋshi amɛhe, ahã skul gbɛ kɛ̃.
Amɛhoofeemɔ ŋ'jije yɛ lɔlei adãmɔhé kɛ ŋmlɔi,
Lɔlei ni awula amɛ kɛ ŋaa kɛ shwɛmɔi wiemɔi.
Shɛɛwiemɔi ni: akrowaŋbii shwɛ́ɛ shwɛmɔi ahe kwraa.
Enɛ mli Kingsway, UTC, kɛ UAC adɛŋ ekpla kwraa.
Shwɛmɔiaŋ amishɛɛ fe Blɔfo shwapoi amli nii kɛ bɔtɔi;
Enɛ mli Bob Cole yeɔ maŋtsɛ, onáŋ shwamɔi.

Father Christmas plumes himself on his kindness,
Seated on his throne in a sea of gifts and chorus,
Drowning Kingsway in holiday cheer and care;
A care for well-dressed children with fanfare.
Girls hugging dolls that look nothing like them,
Smile up to brothers, faces nagging usual anthem,
To bolt away home to play with toy cars,
While parents mull over expenses like Christmas.

Atsɛɔ lɛ Father Christmas, emli jɔ tamɔ kɔ'ŋ, akɛɛ.

Nikéenii kɛ blonya lalai, hóoo, yɛ etamɔhé nɛɛ,

Kingsway ésɔ tamɔ joo yɛ jara mli.

Fɛonibii kɛhã gbékɛ̃bii ni nyiɛmɔ mli tamɔ Blɔfobii,

Gbékɛ̃biiyei efua amɛtsobii ni éjée amɛ,

Amɛnyɛmimɛihii énaa amɛmishɛɛ naa; amɛná kulɛ

Ayi'ŋ kɛ'ŋya shĩa amɛkɛ amɛtsɔ̃nei bibii aya shwɛ,

Blɛ fɔlɔi a ŋ'kɔmɔ nɛ: Blonya ekpla wɔdɛŋ swé.

Seamstresses sew in haste, tailors too,

Gifts of outfits, all unique and new

For young and old, rich, and poor

For Christmas Eve, Christmas Day, and more.

Yei anikpɛlɔi, kɛ hii anikpɛlɔi naa hĩɛ,
Yei ataadei, hĩi ataadei, amɛmli srɔtoi fɛ̃ɛ,
Gbékɛ̃bii, onukpai, shikatsɛmɛi kɛ ohĩafoi anɔ,
Amɛbaakãmɔ mli Blonya gbii muu lɛ fɛ̃ɛ tɔ.

And children ooh and aah at each other's

Poses with ease, dressed alike, thanks to mothers,

Dream of keepsakes from stressed-out photo studios,

Glimpses of present happiness, kept out of the shadows.

Mothers' wig styles show like mannequin heads,

Freshly plucked from salon sheds.

Ógbele éi! Gbékɛ̃bii kɛkɛɛ amɛhe, "Jée ni aashwɛ."
Tsɔ̃ ohe nɛkɛ̃." "Ábajee yɛ fɛo ó." Nyɛ Awo kɛɛ.
Mfoniri-shálɔi náa hiɛ; ebāashɛ wɔdeŋ kɛ̃,
Mfoniri fɛɛfɛjii Blonya nɛɛ bɔ ni wɔla lɛ pɛ,
Ódukui ni bu wɔnyɛmɛi, fɛo, tamɔ tsobii anɔ,
Ohóo kɛjɛ yitsɔi-asaalɔi adɛŋ, obla obɔ̃.

Time for Nungua's goldsmiths' happy days without ifs.
They come from trunks, wardrobes, and hidden safes:
Earrings, necklaces, bracelets, brooches and more,
All due for replating, polishing, removing dull and flaw.

Nungua shikaserelɔi aninamɔ be nɛ, ókpolu obɔ̃.
Kuɛŋnii, toiaŋnii, nineshinii, jwinei srɔtoi abɔ:
Nɔni jɛ adeka mli, kɔba mli, kɛ téemɔ hei.
Ábaatsuu, ábaasɔ̃, amɛ̃báafee ehée éi.

Squeezed smiles don faces of boys,

Ties scream over tightly buttoned shirt with poise.

"No food or drink till after church service."

"Then we are not going to 'what' church service!"

But mothers' stern faces win over their brood.

They are the gatekeepers of festive food.

Piŋmɔ ko ŋ'he éfite gbékɛ̃biihĩi ablonya miishɛɛ,

Noji, amenáa mumɔ he kɛ tai ni aŋmɔŋmɔi amɛ.

"Omɔ kɛ olé ni osa nɔko naa, ja akpa sɔlemɔ."

"Kɛ nakãi lɛ, ahĩ shi, wɔyáa sɔlemɔ mɔ."

"Bihii! Yɛ biɛ." Awo kpokpomɔ hã hiɛ ba shĩa.

Oya! Amɛkai akɛ Nyɛ Awo hoɔ Blonyanii fiaa.

And with merry flair, chicken is stewed, rice boiled,
Fufu dollops in soup, with goat-meat well broiled,
Twisted cakes, cheer on my way home from yours,
While teams of migrant workers knock on doors.

Ale nihoomɔ o! Wuɔflɔ kɛ omɔ jeɔ ŋmá nɛɛ,

Fufui kɛ wónu ébe, toolo ni áshã kɛ ŋmá nɛ,

Oshĩa atsɔ̃mɔ ŋɔɔ o! Owóm gbɛ gbedee kéŋŋ.

Mɔfrobɔlɔi akui baa nɛɛ, amɛŋshi agboi–gb…eŋ.

Carolers of all shapes, shades, and sizes,
Carol their way into tipped riches and prizes,
And jump with a bang in alleys, as teenagers
Pull Christmas cracker stunts for wagers.

Blonyalalɔi yaa yuu nɛɛ, agboi kɛ bibii,
Amɛflɔtɔi eyiyii obɔ̃bɔ̃obɔ̃, nikeenii pii.
Trukaa, shikpɔŋ tóo! Amɛgbɛ. Oblaŋtai ŋ'ye gbāa,
Amɛŋmɛɛŋmɛɛ tuŋtei ahe; namɔ nɔ mli wa.

Toddlers' faces light up to sputtering sticks of stars

In mothers' hands, tell of peace no more scarce.

Gbékɛ̃-ɔsãi ahĩɛ étse káaŋkáaŋ, kplɛkplɛi ŋ'kplɛ́
Yɛ amɛnyɛmɛi adɛŋ ŋ'kéɛ: ŋwɛi hejɔlɛ, biɛ fɛ̃ɛ́.

Shouts of glee, tunes from Christmas party horns,
Tell children have had it good with no thorns,
As they nibble at each other's necklace models
Of gem biscuits through tired Christmas goggles.

Aakpã Blonya bɛjii kɛ ŋmlɔ kɛ mliflimɔ fɛ̃ɛ,
Gbékɛ̃bii amishéɛ ni shwamɔ ko kwráa bɛ he,
Mɔnɛ ŋ'ye mɔnɛ kuɛŋnii, kuɛŋnii ni aloloi, álōo,
Akpɔnɔɔ sɔ́ŋŋ; shi hĩŋmɛi le etɔmi, Blonya glase po.

Until the masquerades arrive,
And scare them all to bed without strife …

Kākāmotobii ba gbenaa hã amɛ; ohĩŋmɛi ji owɔŋ!

Amɛwo amɛhe gbeyei, saa mli kolóŋ.

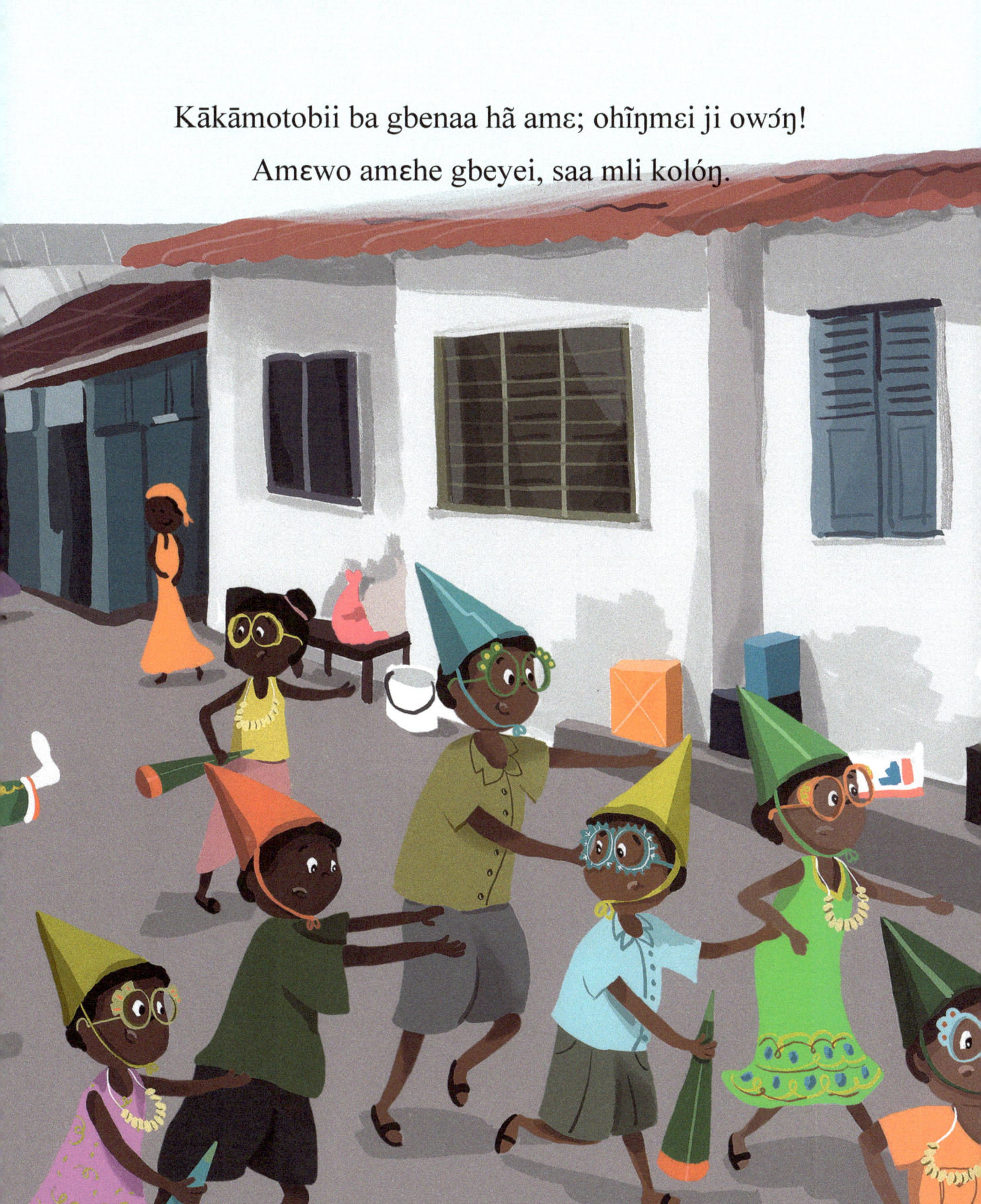

Let me tell you the true story that lit up Bethlehem,
That first Christmas when angels appeared to them,

Bɛ wɔshɛ Bethlehem kɛ sane ni hã ehĩɛ ba nyaṃ,
He klɛŋklɛŋ ni Blonya ba, bɔfoi jɛ ŋwɛi ba, fɛo pam.

And filled hearts of shepherds with hopeful beat,

Who bowed in worship at a manger not so neat,

To God's Son, Jesus, Immanuel, God with Us.

While Mary and Joseph: Mother, Father of Jesus,

Looked on in delightful rest, reflecting, remembered,

The promise of old: "her seed shall bruise thy head."

Tookwɛlɔi na hĩɛnɔkamɔ hee; amɛfee klɛklɛ
Amɛkulã shi, toi atsu koikoi ko mli nɛɛ,
Ja NyɔŋmɔBi, Yesu, Immanuel, Nyɔŋmɔ kɛ wɔ yɛ.
Maria, Yesu nyɛ nɛ; Yosef, Yesu tsɛ nɛ;
Amɛtsui tɔrɔ kɛ miishɛ́ɛ, ni amɛkai tsuijurɔ
Blema shiwoo lɛ: "éetswa oyitso nɔ́."

Glory to God, angels still wing their songs,
Glory to God, shepherds' worship still resound in gongs,
Glory to God, wisemen still ink their awe in great throngs,
Glory to God, saints through all ages prolong their songs.

Anumnyam ahã Nyɔŋmɔ: bɔfoi álalai yiɔ ŋwɛi niiaiŋ nɛɛ,
Anumnyam ahã Nyɔŋmɔ: tookwɛlɔi ayijiemɔ jijeɔ kɛyaa nɛɛ,
Anumnyam ahã Nyɔŋmɔ: nilelɔi aniŋmaatsei náa dekã lolo,
Anumnyam ahã Nyɔŋmɔ: hetselɔi fɛ̃ɛ kã he miilá lolo.

Jesus came to save one and all from our sins,

Big, small, old and new, bad, ugly things.

So we can know God, the Father, Only Holy One,

To live in love with one and all, like Him and His Son.

Yesu ba, bahere wɔ, kɛjɛ esha mli,
Agboi, bibii, nyɛ kɛ ŋmɛnɛ nɔ, efɔ̃ŋ nyagemɔ nii,
Ko ni wɔle lɛ, Nyɔŋmɔ Tsɛ, Mɔ̃ Krɔŋkrɔŋ Nyó lɛ
Wɔhi shi yɛ suɔmɔ mli, tãmɔ Tsɛ kɛ Bi lɛ.

WHAT IS CHRISTMAS

 What does the Word Christmas mean?
The word Christmas is made up of two words: Christ and Mass. Mass is a special church gathering where Communion is celebrated by mostly Catholics and Anglicans. So, Christmas is the special celebration of Jesus.

Te Blonya shishi lɛ?
Blonya shishi yɛ Gãmli tãmɔ̄ɔ Blɔfo nɔ lɛ. Blɔfo nɔ lɛ wiemɔi enyɔ ni atsa: *Kristo* kɛ sɔlemɔ krɛdɛɛ ko ni atsɛɔ lɛ, *mass*. Hewɔlɛ Blɔfo mli lɛ Christmas shishi ji Kristo Woo Sɔlemɔ. Blonya hu lɛ obāanyɛ okɛɛ akɛ ejɛ wiemɔi enyɔ amli: *nyamɔ* kɛ *boo*. Hewɔlɛ kɛshɛ Blonya lɛ, wɔnyáa Yesu jeŋbaa he kɛ miishɛɛ. Blɔfo baakɛɛ *'joyful noise or joyful celebration."*

What do we celebrate at Christmas?
At Christmas, we celebrate God's love for people. God's love is a person. His name is Jesus Christ.

Mɛni he anyaa Blonyabe?
Nɔni he ni anyaa kɛ miishɛɛ Blonyabe mli ji Nyɔŋmɔ suɔmɔ kɛhã gbɔmɛi fɛ̃ɛ. Nyɔŋmɔ suɔmɔ lɛ, Mɔ ni; atsɛɔ lɛ Yesu Kristo.

 Is God's love a feeling?
No. God's love is not a feeling. God's love is a person, and his name is Jesus Christ.

Ani Nyɔŋmɔ suɔmɔ lɛ shwee nɔ ko ni?
Daabi. Nyɔŋmɔ suɔmɔ lɛ jée shwee nɔ ko, shi, Mɔ ni. Nɛkɛ̃ Mɔ nɛɛ ji Yesu Kristo. Yesu Kristo ji Nyɔŋmɔ Suɔmɔ ni eye emuu.

Why do we celebrate Christmas?
At Christmas we celebrate God sending His Word to save us from sin.

Mɛni hewɔ ayeɔ Blonya?
Ayeɔ Blonya ejaakɛ Nyɔŋmɔ tsu Ewiemɔ lɛ kɛbã jeŋ ni ebahere gbɔmɛi fɛ̃ɛ kɛjɛ esha mli.

What is God's Word
God's Word is a person. His name is Jesus Christ.

Mɛni ji Nyɔŋmɔ Wiemɔ lɛ?
Nyɔŋmɔ Wiemɔ lɛ, Mɔ̃ ni. Yesu Kristo ji Nyɔŋmɔ Wiemɔ lɛ.

Why is God's Word the most important thing?
God does everything by His Word. Remember, God created the world by His Word. Everything God did in the Bible, He did by His Word given to the prophets for the people. Jesus is the Word that was spoken through the prophets to the people of Israel.

Mɛni Hewɔ Nyɔŋmɔ Wiemɔ Lɛ Ji Oti kɛhã Nɔfɛ̃ɛnɔ Lɛ?
Nyɔŋmɔ feɔ nɔfianɔ kɛtsɔ̃ Ewiemɔ lɛ nɔ. Kaimɔ akɛ Nyɔŋmɔ kɛ Ewiemɔ ni bɔ je lɛ. Nɔfɛ̃ɛnɔ ni Nyɔŋmɔ fee yɛ Ŋmalɛ lɛŋ fɛ̃ɛ lɛ Ewiemɔ lɛ nɔŋŋ nɔ etsɔ̃ kɛfee. Ekɛ ewiemɔ lɛ wo egbalɔi lɛ adaaŋ kɛhã Israelbii lɛ. Yesu ji Nyɔŋmɔ Wiemɔ ni gbalɔi lɛ gba yɛ Israel lɛ.

 Can you find God's Word Anywhere Apart From The Bible?
God's Word can be found only in the Bible. God chose only one people, Israel, through whom to share His Word with the rest of the world. God set this standard because he does not want any confusion about where to look for His Word, Jesus Christ. God is one and God's Word is one, and there is only one place to look for His Word - the Bible, given to one people, Israel, through God's prophets. The Bible tells you all you need to know about the Word, Jesus Christ.

Tebáafee tɛŋŋ ni onine báashɛ Nyɔŋmɔ Wiemɔ lɛ Nɔ?
Biblia mli pɛ obàana Nyɔŋmɔ Wiemɔ yɛ. Nyɔŋmɔ kɛ Ewiemɔ lɛ hã gbɔmɛi kome pɛ, Israelbii, koni kɛtsɔ̃ amɛnɔ lɛ mɛi blublu fɛ̃ɛ aba le lɛ. Nyɔŋmɔ sumɔɔ akɛ Ewiemɔ lɛ abafee niplemɔ kɛ mligblamɔi asane. Efee enɛ koni ekãshi faŋŋ akɛ Israelbii pɛ ji mɛini hiɛ Ewiemɔ lɛ, ni ji Kristo lɛ. Kɛtsɔ̃ Israelbii anɔ lɛ jeŋ blublu fɛ̃ɛ aabanu ni amɛle Nyɔŋmɔ Wiemɔ lɛ. Nyɔŋmɔ lɛ ekome ni, ni Ewiemɔ lɛ hu ekome ni. Ni enɔ Ewiemɔ lɛ eha gbɔmɛi kome pɛ kɛtsɔ̃ Israel gbalɔi lɛ anɔ. Nɔfɛ̃ɛnɔ ni otaoɔ ni ole yɛ Nyɔŋmɔ Wiemɔ, ni kɔɔ Yesu he lɛ, fɛ̃ɛ yɛ Biblia (Ŋmalɛ) mli.

 **Why Did God Choose Israel to Entrust His Word and Not the Rest of Us?**
God has chosen every tribe, ethnic group, or community for specific things, which are only good. God in his wisdom chose Israel for this specific task of receiving His Word and sharing with the rest of the world. Would you find out what specific job God has chosen your tribe, ethnic group, or community to do. Whatever good thing your tribe, ethnic group, or community has been chosen to do must also be shared with the rest of the world. We should trust God that whatever good thing he has chosen our community to do, he knows we best fit that role, then we will not envy what other communities have been given to do.

Mɛni Hewɔ Nyɔŋmɔ kɛ Ewiemɔ wo Israel pɛ dɛŋ, shi jeŋmajii krokomɛi lɛ?
Nyɔŋmɔ ehã majimaji fɛ̃ɛ nɔko pɔtɛɛ ni amɛtsu, ni kpakpa ko. Nyɔŋmɔ ŋaa kɛ nilee naa, eŋɔ Ewiemɔ lɛ kɛhã Israel koni amɛhã majii srɔtoi fɛ̃ɛ anine ashɛ nɔ. Mɛni ji nɔ kpakpa ko ni osusuɔ akɛ Nyɔŋmɔ etuu ewo omaŋbii adɛŋ ni amɛtsu kɛ wa je lɛ nɔyaa? Nyɔŋmɔ le maŋ fɛ̃ɛ maŋ kɛ amɛmlitsiimɔ kɛ amɛhewalɛ, ni éja nitsumɔi lɛ ehã amɛ pɛpɛɛpɛ. Hewɔlɛ esáa akɛ wɔhiɛ kɔɔ nɔni Nyɔŋmɔ kɛhã maŋbii krokomɛi ni amɛtsu lɛ nɔ. Mɔ onɔ mli ni otsu.

What is sin?
Sin is a disease everyone in the world is born with, except Jesus Christ, God's Word. The disease lives in the heart of everyone and makes it impossible for people to trust God and live-in peace with one another. Our diseased hearts create problems in families, leadership, communities, and countries. The heart controls what you think, imagine, feel, and do. This diseased heart has been passed down through the generations from Adam and Eve. Everyone's heart is a photocopy of the diseased heart of Adam and Eve since all people descended from them.

This disease in the heart prevents us from trusting God to save us from sin. Adam and Eve got this diseased heart when they decided not to trust God but the lie of Satan. So, sin is not trusting what God says about each of us, that we are sinners who need, Jesus, His Son, to save us from sin and death. This is not physical death, but rather a place where you will not enjoy God and his blessings anymore. This will take place at the end of time when God raises to life everybody who has ever lived and judge them. Right now, everybody living in the world enjoys God's blessings of family, friendship, and provision, but this will not be so in the second death.

Mɛni Ji Esha

Mɔkomɔko kwraa bɛ ni afɔɔlɛ yɛ esha mli, ja Yesu Kristo pɛ, Nyɔŋmɔ Wiemɔ lɛ. Esha ji tsui hela ko ni akɛ fɔɔ mɔfiamɔ kɛbaa jeŋ. Nɛkɛ̃ tsui hela nɛɛ eŋmɛɛ́ wɔgbɛ ni wɔhe Nyɔŋmɔ nɔ wɔye ni wɔkɛ gbɔmɛi ahi shi yɛ hejɔlɛ mli tete po. Nibii fɔjii, agboi kɛ bibii, kɛ bebei ni yɔɔ nyɛmimɛi ateŋ, shĩaiashĩaia amli, onukpai kɛ majii fɛ̃ɛ amli jɛ nɛkɛ̃ tsui hela ni atsɛɔ lɛ esha nɛɛ. Tsui ji nɔni kudɔɔ ojweŋmɔ, osusumɔi, bɔni onuɔ nii ahe ohãa, kɛ nɔni ofeɔ hu.

Nɛkɛ̃ tsui hela nɛɛ, gbɔmɔ fɛɛ gbɔmɔ na kɛjɛ Adam kɛ Hawa dɛŋ, ejaakɛ amɛji wɔ klɛŋklɛŋ fɔlɔi, ni amɛshwieei ji gbɔmɛi fɛɛ. Adam kɛ Hawa na nɛkɛ̃ tsui hela nɛɛ ejaakɛ amɛhée Nyɔŋmɔ Wiemɔ lɛ amɛyée shi mɔŋ amɛhe Abɔnsam amɛye. Hewɔlɛ esha ji ni okplɛɛ́ nɔ akɛ ashafeelɔ jio, ni asaŋ hu okplɛɛ́ nɔ akɛ Yesu pɛ, Nyɔŋmɔ Wiemɔ lɛ nɔ, Nyɔŋmɔ bàatsɔ kɛkpɔ̃ bo kɛjɛ esha kɛ gbele mli. Nɛkɛ̃ gbele nɛɛ etamɔɔ́ gbɔmɔtso gbele. Eji heko ni mɛi ni hée Nyɔŋmɔ Wiemɔ lɛ nɔ amɛyée lɛ baaya; heko ni amɛnine shɛ́ŋ Nyɔŋmɔ jɔɔmɔi ko kwraa nɔ: jɔɔmɔi tamɔ weku, naanyemɛi, nɔni obaaye, óowo, ni óonu fɛ̃ɛ bɛ heni gbele-ni-ji-enyɔ lɛ yɔɔ.

 **If God loves us so much, do you think he would like to heal our diseased hearts?**

How does God do anything? By His Word. So how would God fix our diseased hearts? Of course, by His Word, who is Jesus Christ. God created people so he would love them. So when Adam and Eve disobeyed him, he promised to send someone, His Word, to be born as a human, to save us from sin and from the one who deceived our first parents to sin, Satan.

Kɛ Nyɔŋmɔ sumɔ́ɔ wɔ nɛkɛ̃ lɛ, osusuɔ akɛ ebáasumɔ ni etsa wɔtsui ni hela emɔmɔ amɛ lɛ?

Te Nyɔŋmɔ tsuɔ nii tɛŋŋ? Kɛtsɔ̃ Ewiemɔ lɛ nɔ. Hewɔlɛ mɛɛ gbɛnɔ Nyɔŋmɔ baatsɔ̃ kɛtsa wɔtsui hela lɛ hu? Ona pɛ! Nyɔŋmɔ Wiemɔ lɛ nɔŋŋ, ni ji Yesu Kristo lɛ. Nyɔŋmɔ bɔ gbɔmɛi ni esumɔ amɛ. Hewɔlɛ ni Adam kɛ Hawa fee esha lɛ, etswa efai shi akɛ ebaakpɔ̃ amɛ kɛjɛ esha nɛɛ mli kɛ amalefolɔ ni ji Abɔnsam ni laka amɛ lɛ dɛŋ.

Would you allow God's Word to fix your diseased heart?

If you know you are a sinner because of your diseased heart and you want it fixed, what should you do? Believe and speak in prayer to God that you accept that Jesus is the Word of God. That the Word of God was born of Mary in Bethlehem, grew into a man, taught, healed, performed miracles, crucified, and raised back to life to save you from sin. God then removes your diseased heart and replaces it with a brand-new heart filled with His Holy Spirit. A new heart makes you a new person. Everyone who receives a new heart knows that they have undergone a spiritual surgery. The new heart leads them to grow in trusting God alone, to know him, obey him, love him and people through the help of the Holy Spirit.

Obaasumɔ ni Nyɔŋmɔ atsa ohela tsui lɛ?

Kɛji ootao ni Nyɔŋmɔ atsa ohela tsui lɛ, mɛni sa akɛ ofee? Esa ni ohe oye yɛ otsui mli ni okɛɛ yɛ sɔlemɔmli akɛ lɛlɛŋ Yesu ji Nyɔŋmɔ Wiemɔ lɛ. Lɛ ji Nyɔŋmɔ Wiemɔ ni Maria fɔ lɛ yɛ Bethlehem lɛ, binuu ni da, tsɔ̃ɔ nii, tsa mɛi, fee naakpɛɛ nii, asɛ̃ŋ lɛ, egbo, ni afu lɛ, shi eteshi kɛjɛ gbohii atɛŋ, ni enɛ etsu kɛ kpɔ̃ wɔ kɛjɛ esha kɛ gbele mli. Kɛ ofee enɛ lɛ, Nyɔŋmɔ jiɔɔ ohela tsui lɛ ni ekɛ tsui hee tɔɔ najian, tsui hee ni eyi obɔ kɛ Mumɔ Krɔŋkrɔŋ lɛ. Akɛ ona tsui hee nɛɛ, otsɔ̃ gbɔmɔ hee hu. Óokɛ afee bo *operation* ni ajie tsui ni ehii lɛ ashɛ afɔ̃ ni akɛ ehee ewo jɛi. Mɔfiamɔ ni naa tsui hee lɛ, amɛ kɛ amɛhiɛ fɔ̃ Yesu Kristo pɛ nɔ, amɛtaoɔ akɛ amɛ le lɛ, amɛfeɔ esuɔmɔnaanii, ni amɛsumɔɔ gbɔmɛi fɛɛ. Fɛ̃ɛ baa shikome, shi amɛdaa gbifɛɛgbi yɛ nɛkɛ̃ nibii nɛɛ amli ejaakɛ ametiuɔ sɛɛ daanɛɛ kɛ Ŋmalɛ lɛ kanemɔ kɛ enɔyeli yɛ Mumɔ Krɔŋkrɔŋ lɛ hewalɛ naa.

 Was Jesus born on December 25th?

No, Jesus was not born on December 25th. However, the early Christians thought it wise to set a time aside to tell the story of how God sent His Word to be born as a human to save us from sin. They chose December to celebrate and share this good news with the world. The Gospel writers in the Bible do not give a hint about the specific time of year Jesus was born. Some believe the early Christians picked that date, December 25, by calculating nine months from the date of the Passover, March 25, in the year Jesus died.

Ani afɔ Yesu December 25 lo?

Daabi, afɔɔ Yesu Afuabe 25. Shi mɔŋ tsuutsu Kristofoi lɛ to be ko yɛ afi lɛ mli koni amɛshiɛ Yesu fɔmɔ kɛ ejeŋbaa ni kpɔ̃ gbɔmɛi kɛjɛ esha mli lɛ. Amɛto Afuabe 25, akɛ be ni amɛbaanya Yesu jeŋbaa he ni amɛshiɛ nɛkɛ̃ sanekpapkpa nɛɛ. Mɛi ni ŋma Yesu he sane yɛ Biblia mli lɛ háa wɔ be tuuŋtu ni afɔ Yesu. Susumɔ lɛ ji akɛ, tsuutsu Kristofoi lɛ kane nyɔjii nɛɛhu kɛjɛ beni aye Hehoo, ni ji Otsokrikri 25, afi mli ni Yesu gbo lɛ, ni ebagbee Afuabe 25.

BIBLE PASSAGES/NYƆŊMƆ WIEMƆI

The Word of God
John 1:1-5, 14 "In the beginning was the Word, and the Word was with God, and the Word was God. He was with God in the beginning. Through him all things were made; without him nothing was made that has been made. In him was life, and that life was the light of all mankind. The light shines in the darkness, and the darkness has not overcome it."
"The Word became flesh and made his dwelling among us. We have seen his glory, the glory of the one and only Son, who came from the Father, full of grace and truth."

"Shishijēe lɛŋ lɛ wiemɔ lɛ yɛ, ni wiemɔ lɛ kɛ Nyɔŋmɔ yɔɔ, ni wiemɔ lɛ Nyɔŋmɔ ni. Lɛ nɔŋŋ shishijēe lɛŋ lɛ ekɛ Nyɔŋmɔ yɔɔ. Lɛ énɔ atsɔ̃ áfe nibii fɛ̃ɛ ni ashíi lɛ afee nɔkonɔko ni afee. Emli wala yɔɔ, ni wala lɛ ji gbɔmɛi ala lɛ; ni la lɛ tsoɔ yɛ duŋ lɛ mli, ni duŋ lɛ enáa naa."

"Ni wiemɔ lɛ tsɔ̃ heloo, ebashi bu yɛ wɔtɛŋ, ni wɔna enumnyam lɛ, akɛ Tsɛ lɛ Bi kome lɛ anumnyam, ni dromɔ kɛ anɔkwale eyilɛ obɔ̃."

The Word of God is the Son of God
"In the past God spoke to our ancestors through the prophets at many times and in various ways, but in these last days he has spoken to us by his Son, whom he appointed heir of all things, and through whom also he made the universe. The Son is the radiance of God's glory and the exact representation of his being, sustaining all things by his powerful word. After he had provided purification for sins, he sat down at the right hand of the Majesty in heaven.

"Sa lɛ bei srɔtoi amli kɛ gbɛi srɔtoi anɔ Nyɔŋmɔ tsɔ̃ ekɛ wɔ-tsɛmɛi lɛ wie yɛ gbalɔi lɛ anaa. Shi nɛkɛbei nɛɛ anaagbee mli lɛ, e-Bi lɛ naa ekɛ wɔwie yɛ. Ekɛ lɛ efee nibii fɛɛ yelɔ, ni enɔ hu etsɔ̃ efee je lɛ. Lɛji enumnyam lɛ kpɛmɔ kɛ esu lɛ mfoniri lɛ, ni ekɛ lɛ diɛŋtsɛ ehewalɛ wiemɔ lɛ hieɔ nibii fɛɛ. Be ni ekɛ lɛ diɛŋtsɛ ehe etsuu wɔhe kɛjɛ wɔhe eshai lɛ amli lɛ, etee eyata shi yɛ enumnyam-Tsɛ agbo lɛ nine jurɔ nɔ yɛ ŋwɛi."

God entrusted His Word only to Israel
Psalm 147:19-20 (NIV) "He has revealed his word to Jacob, his laws and decrees to Israel. He has done this for no other nation; they do not know his laws. Praise the Lord."

"Ejajeɔ ewiemɔ lɛ etsɔ̃ɔ Yacob, egbɛnai kɛ ekojomɔi lɛ etsɔ̃ɔ Israel. Efeko nakai ehã ko maŋ ko maŋ ko dã, ni ekojomɔi lɛ hu, amɛlée. Hallelujah."

Everyone is a sinner
Romans 5:12a (ESV) "Therefore, just as sin came into the world through one man, and death through sin, and so death spread to all men because all sinned—"

"Enɛhewɔ lɛ, tāakɛ bɔni gbɔmɔ kome nɔ esha tsɔ̃ kɛba je lɛŋ, ni gbele tsɔ̃ esha nɔ kɛ ba, ni no ha gbele lɛ tsɛŋe gbɔmɛi fɛ̃ɛ ejaakɛ amɛfɛ̃ɛ amɛfee esha lɛ."

God saves sinners by His Word, the Son of God
John 3:16 (NIV) "For God so loved the world that he gave his one and only Son, that whoever believes in him shall not perish but have eternal life."

"Ejaakɛ nɛkɛ̃ Nyɔŋmɔ sumɔɔ je lɛ, akɛ eŋɔ e-Bi koome lɛ eha, koni mɔ fɛ̃ɛ mɔ ni heɔ yeɔ lɛ hĩɛ akakpatã, shi mɔŋ ena naanɔ wala."

FUN FACTS ABOUT THE STORY IN THIS BOOK

Is Lajwahe a real place?
Yes, Lajwahe is a real place. It is the downtown of a city called La, in the Greater Accra Metropolitan Area of Ghana.

Heko yɛ ni atsɛɔ jɛi Lajwahe?
Hɛɛ, heko yɛ ni atsɛɔ jɛi Lajwahe. Lajwahe he ji maŋteleŋ yɛ maŋ ko ni atsɛɔ lɛ La lɛ. La yɛ Greater Accra Metropolitan lɛ mli yɛ Ghana.

 What is Harmattan?
Harmattan is one of two major seasons in West Africa. It occurs from November to March. You can see that Christmas falls smack dab in Harmattan. It is wintertime in West Africa. There is little to no rain during Harmattan. The mornings can be foggy and cold especially on the mountains, but the afternoons are hot, dry, and dusty.

Mɛni ji Aharabata?
Bei krɛdɛɛ enyɔ ni wɔ naa yɛ West Africa lɛ, emli ekome ji Aharabata. Aharabata be jiɔ shishi kɛjɛ Alemle nyɔŋ lɛ mli kɛya gbeɔ Otsokrikri nyɔŋ lɛ mli. Blonyayeli baa daa yɛ nɛkɛ̃ be nɛɛ mli. Etamɔ winter be. Nɛkɛ̃ be nɛɛ nugbɔ enɛɛ. Yɛ gojii kɛ ŋa no tete lɛ afua woɔ gbidii maŋkɛ mra kɛ fɛ̃i. Shi kɛshɛ shwane lɛ hulu tsoɔ waa, kɔɔyɔɔ lɛ mli gbiɔ kɛ emli mlu babaoo dieŋtsɛ.

Is Christmas celebrated this way in Ghana?
Yes. This was how Christmas was celebrated in the early 1900s to 1970s in Ghana, especially in Accra and other cities along the Coast. Masquerade bands still entertain from house to house throughout the Christmas Holidays. Masquerades' competitions and festivals are held in parks on New Year's Day. The masquerade tradition, also known as Kākāmotobi or Fancy Dress, was started in Winneba and still popular along coastal cities and towns like Takoradi. Most of the activities in this book are still part of Christmas celebration in Ghana today. Would you identify which ones?

Nɛkɛ̃ ayeɔ Blonya yɛ Ghana lo?
Hɛɛ. Kɛjɛ 1900s kɛmiiya 1970s bei amli lɛ nɛkɛ̃ ayeɔ Blonya yɛ Ghana, titri lɛ yɛ Gã kpokpai anɔ kɛ ŋshɔnaa majii krokomɛi amli. Kākāmotobi kuikui yaa shĩaia amli kɛ

shɛjeɔ mɛi amli. Blonya be mli fɛ̃ɛ lɛ Kākāmotobi kuikui shiɔ akaŋ. Ewulu fe fɛ̃ɛ lɛ baa nɔ yɛ klɛŋklɛŋ gbi yɛ Afi hee lɛ mli. Aje Kākāmotobi nɛ̃ɛ shishi yɛ Winneba yɛ 1930s amli gbɛ. Ehé shi titri yɛ ŋshɔnaa majii tamɔ Takoradi. Blonya nifeemɔi ni okane yɛ wolo nɛ̃ɛ mli lɛ, akã he aaafee ekomɛi lolo ŋmɛnɛŋmɛnɛ. Ani oyoo nifeemɔi lɛ ekomɛi lo?

Is Gift Giving Part of Christmas in Ghana

Gift giving is part of most traditional festivities in Ghana and Christmas is no exception. The gift giving is however very different from the gift giving or exchange in Western countries. From the week before Christmas to the end of the year, families send gifts to the needy, friends, and other families. The gifts are usually hampers of foodstuff, meat (which may include live chicken, sheep, or goat), and treats like fruitcake, doughnuts, gem biscuit, and twisted cakes. Various groups in the churches like the Women's groups visit hospitals and orphanages with various gift hampers. Schools organise special ceremonies to collect very mildly used clothing from students to give to orphanages and the needy.

Nikee fata Blonyayeli he ye Ghana lo?

Nikee fata Ghana gbijurɔyeli kpotoo he. Nakãi nɔŋŋ afeɔ Blonya hu. Bɔni akeɔ nii yɛ Ghana kɛshɛ Blonya tamɔɔ bɔni afeɔ yɛ Blɔfomɛi amajiaŋ. Kɛjɛ Blonyabe aahu kɛmiimɔ Afii Hee mlibotemɔ mli lɛ, shĩaishĩai yakeɔ mɛi ni ehĩa amɛ nii. Agbɛnɛ hu shĩaishĩai keɔ amɛnanyemɛi loo shĩa krokomɛi anii srɔtoi. Nibii ni afɔɔ kee ji niyenii, wuɔ, too, kɛ dɔkɔ́dɔkɔ́ nibii tamɔ cake, donut, gɛm akpɔnɔɔ kɛ atsɔ̃mɔ. Sɔlemɔ kuikui hu tamɔ Yei Akpei yasraa helatsamɔhei kɛ awusãi akwɛmɔhei. Nikasemɔhei hu buaa nibii ni skulgbékɛ̃bii kɛbaa naa yakeɔ awusãi ni yɔɔ awusãi akwɛmɔhei, ni akɛ ekomɛi hu yahãa ohiafoi niyɔɔ skul maŋ lɛŋ.

What are mammy trucks?

Mammy trucks are not as popular as they used to be. They are wooden trucks manufactured in Ghana for transportation. Most boarding schools owned one. They are sometimes used to transport children to sporting and other competitions outside their schools. They are also used to transport items purchased for the schools.

Mɛni ji tso lɔle?

Mammy trucks gbɛi kroko ji tso lɔle, aloo trɔtrɔ. Nɛkɛ̃ tso lɔle nɛɛ afeɔ yɛ Ghana. Tso lɔle nɛɛ eda fioo fe trɔtrɔ. Kulɛ Boarding skul fɛ̃ɛ boarding skul yɛ amɛnɔ. Akɛ woleɔ skulbii kɛfãa gbɛ, kɛyaashiɔ akaŋ srɔtoi. Agbɛnɛ hu akɛ woleɔ skul jatsui krokomɛi.

Do children and teens still attend boarding schools in Ghana?

Yes, some children and many teens still attend boarding schools in Ghana. Boarding schools are a good hub for children from different tribes. When children from various tribes and social classes mingle together, it builds good nature and camaraderie, which helps to keep the country united.

Skulgbékɛ̃bii yaa Boarding Skul yɛ Ghana lolo?

Hɛɛ gbékɛ̃bii saŋŋ yaa boarding skul. Boarding Skul ji heko ni feɔ naabuamɔhe kpakpa hãa gbékɛ̃bii ni jɛjɛi majii srɔtoi, hiɛgbelemɔ, kɛ kusumii srɔtoi amli. Ehãa gbékɛ̃bii feɔ naanyemɛi, ni amɛkaseɔ bɔni akɛ mɔfɛ̃emɔ hiɔ shi yɛ hejɔlɛ mli, amɛjɛ amɛmaŋ jio, amɛjɛɛ amɛmaŋ jio, amɛwieɔ amɛwiemɔ jio, amɛwiée amɛwiemɔ jio. Enɛ waa ekomefeemɔ kɛ nɔyaa yɛ Ghana ejaakɛ wiemɔi lɛ fa.

Does Christmas express the rich culture of Ghana?

Yes. Christmas displays the rich culture of Ghana. You can know who someone is from his or her culture. A culture is made up of four things: language, history, values, festivities, and traditions. Christmas is a relatively new celebration from Europe brought down by the Basel Missionaries from Switzerland in the mid 1800s, the first successful Christian mission to Ghana. Passages from the Bible about Jesus' birth are recited by children, and both children and adults act in nativity plays on Christmas Eve. Church choirs entertain with many Christmas carols on Christmas Eve and Christmas Day. Church services on Christmas Day become a must-attend celebration, even for families who are not Christians. Many of the carols are in the local languages composed by missionaries like Zimmerman along with some early Ghanaian Christians. Christmas trees (spruce, firs and pines) do not grow in Ghana, so the Christians invented their own Christmas symbol. Families build huts made of freshly woven coconut fronds on their compounds or just outside their homes to stage the nativity scene. These huts are called Christmas huts. Children play in there all through the Christmas season. Special meals like chicken soup, chicken stew, plain rice, jollof rice, fried chicken, lamb or goat stew, lamb or goat soup, yam fufu, twisted cakes, fruit cakes, gem biscuits, lemonade, and minerals (soft drinks) have become Christmas staples.

Ani Bɔni ayeɔ Blonya yɛ Ghana jiɔ Ghana kusumii kpo?

Hɛɛ. Blonyayeli jeɔ Ghana kusumii kpo. Kusumii hãa ayɔseɔ heni mɔko jɛ. Kusumii nibii ejwɛ nɛ: wiemɔ ni owieɔ, omaŋ blema sane (history), jeŋba kɛ nifeemɔ kudɔlɔi (values), gbijurɔyelii kɛ gbɛjianɔtoo. Basel Sanekpakpa nitsulɔi ji mɛini kɛ Blonyayeli ba Ghana yɛ 1800s amli. Amɛnitsumɔ lɛ shwere fe mɛini tsɔ̃ amehiɛ ba lɛ. Blonya Gbɛkɛ lɛ, gbékɛ̃bii kɛɔ nii kɛjɛɔ Ŋmalɛ Krɔŋkrɔŋ lɛ mli. Gbékɛ̃bii kɛ onukpai fɛ̃ɛ shwɛɔ shwɛmɔi srɔtoi ni kɔɔ Yesu fɔmɔ lɛ he. Sɔlɛmɔ Lalɔi akui laa Blonya lalai Blonya Gbɛkɛ kɛ Blonya Gbi. Sɔlɛmɔtsui yiɔ obɔ. Daa-afi-koŋkome bii fɛɛ baa sɔlɛmɔ. Alaa Blonya lalai yɛ Gã mli kɛ wiemɔi krokomɛi hu amli. Blonya lalai nɛɛ, Zimmerman, Basel Sanekpakpa nitsulɔ lɛ, kɛ agbɛnɛ hu klɛŋklɛŋ Ghana Kristofoi lɛ ŋmaŋmai saŋŋ. Blonyatsei tamɔ spruce, fir, kɛ pine bāa yɛ Ghana, hewɔ lɛ Ghana Kristofoi lɛ fee amɛdiɛŋtsɛ amɛ Blonya okadi. Amɛloɔ akokoshi nijii kɛmaa tsu yɛ kpo nɔ kɛ agboi anaa. Amɛwo lɛ Blonyatsu. Ekaiɔ amɛ akɛ afɔ Yesu yɛ kooloi aniyenii anɔ mli. Gbékɛ̃bii nyaa Blonyatsu he ejaakɛ jɛmɛ amɛshwɛɔ yɛ Blonya bei amli fɛɛ. Niyenii ni eheshi akɛ Blonya niyenii ji wuɔ wonu, wuɔ flɔ, omɔ, omɔ jollof, wuɔloo ni ashi, too flɔ, too wonu, yɛlɛ fufui, atsɔ̃mɔ, cake, gɛm akpɔnɔɔ, lamle, kɛ minerals.

What is Kingsway, UTC or UAC?
Kingsway, UTC, and UAC were like the malls of today. They were called Departmental stores. They were called Departmental stores because they were divided into various sections called departments. The stores were very big. Each department sold items like women's clothes, men's clothes, jewelry, children's clothes, shoes, lingerie, household wares, fabric, etc. The people who mostly frequented these stores were foreigners from Europe, Ghanaians who were educated, and those who had money. Kingsway and UTC stores have long been closed so you will not be able to see them in central Accra. Smaller stores now operate in these buildings.

Mɛni ji Kingsway, UTC kɛ UAC?
Kingsway, UTC, and UAC ji ŋmɛnɛŋmɛnɛ malls. Gbɛi ni akɛ tsɛɔ amɛ nakãi bei amli ji Departmental Stores ejaakɛ amɛmli dra ni ajra mli. Afabaŋ fɛɛ afabaŋ yɛ nibii srɔtoi ni ahɔ̃ yɛ mli, tamɔ yei pɛ ataadei, hii pɛ ataadei, gbékɛ̃bii pɛ ataadei, jwinei, aspaatrei, kamisaŋ kɛ hewulamɔ nibii, tsɛŋsii, loo mamaboi srɔtoi. Mɛi ni fɔɔ nihemɔ yɛ nɛkɛ̃ Departmental shwapoi nɛɛ amli ji Blɔfomɛi, owulai kɛ awulai, kɛ mɛi ni hiɛ nɔko. Ŋmɛnɛ kɛ otee Gã, onaa nɛkɛ̃ shwapoi ejaakɛ aŋamɔ fɛ̃ɛ, ni ajra mli aha jarayelɔi ni wɔɔ amɛjara yɛ mli.

Would you like to adopt the Christmas Hut as the symbol of Christmas?
If you live in a climate that coconut trees grow easily, would you consider growing your own coconut trees, so you can harvest the fronds for your hut come Christmas?

Obaasumɔ ni okɛ Blonyatsu afee OBlonya Okadi?
Heni oyɔɔ, akokoshitso baanyɛ eba yɛ jɛi? Kɛ nakãi lɛ bodiɛŋtsɛ du akokoshitso bɔni afee koni ona enijii ni oloo kɛma bodiɛŋtsɛ oBlonyatsu kɛ ye Blonya.

SOME CHRISTMAS TRADITIONS

Christmas Eve Canna Lily Tradition

Have you heard of the canna lily? It is called a poor man's flower because it grows wildly anywhere, even in clayey soil. And what does it do to the clayey soil? Its roots turn the clayey earth into a soft loose loam soil, perfect for growing most garden vegetables. It reminds us of how Jesus comes into people's lives and turns them into something useful and beautiful to bless other people, just as the canna lily does to the soil so other vegetables can thrive when planted there.

In the early 1900s to 1970s, canna lilies grew wildly in so many places in Accra. You would find them along open gutters, standing pools of water, and they did not even need any proper care.

Some few weeks before Christmas some families start paying attention to the canna lilies around their homes especially so because it is Harmattan and there is little rain. The canna lily is the Christmas flower. The most common canna lily flowers bloom brightly of yellow with red, perfect Christmas colors for the Christmas Eve family tradition. Some women are particularly good in deadheading the canna lilies, so they bloom even longer to give their surroundings a neat and lush look for Christmas.

When families return from Christmas Eve service, some families come together for a special festive activity. Earlier in the week young women polish three clay water pots, decorating them with beautiful designs along with Bible verses about the Nativity for the occasion. The three clay water pots represent the three months leading up to Easter from Christmas. When they arrive from church that night, they pour enough water in them and space them on the compound where people will be gathering. Mothers would have fried and baked treats for this Christmas Eve festivity: twisted cakes and fruit cakes, along with lemonade. The families sing a lot of carols in great merriment. Shortly after, every child and adult takes turns to pluck a canna lily flower from the garden, placing them in the water pot. You can imagine what a beautiful large bouquet would be created. After placing the flower in the pot each proceeds to another table where they each light a sparkler stick. The compound turns into a beautiful night sky with all the lit sparklers.

There is a special carol that is sang while canna lilies are plucked and placed in the water pot. It is one of the carols brought down by the Basel missionaries, "Es ist ein

Ros entsprungen" translated in Gã as "Tsoshishi Fã Ko Mli le," and English "Lo, How a Rose E'er Blooming."

This festive activity continues through the night from one family home to the next. Every hosting home is brightened up by beautiful, lush bouquet of canna lilies. It is a reminder that Jesus is the Messiah prophesied to be from the root of Jesse, that is, Jesus is a descendant of King David, who was to come and save people from sin: *"A shoot will come up from the stump of Jesse; from his roots a Branch will bear fruit."* Isaiah 11:1

Both children and adults enjoy festive foods and various treats through the night. But children must go to bed and rest so they can be ready for Christmas Day church service in the morning. Adults must rise early to make Christmas dinner and prepare for Christmas Day church service too. So, by 1 AM families start for their homes to get ready for Christmas Day.

Would your family like to adopt this Christmas tradition?

Blonya Nifeemɔi Komɛi

Blonya Gbɛkɛ Fɔfɔi Foo
Atsɛɔ fɔfɔi nɛɛ canna lily. Bɛ onu egbɛi daŋ? Boni ebaa yɛ hefɛɛhe yɛ su po in wa mli hewɔlɛ abuɔ lɛ akɛ ohiafoi afɔfɔi. Ekwɛmɔ jraa kwraa. Kɛji odu canna lily yɛ su ni wa mli po, eshishifãi lɛ gbɔjɔɔ su lɛ ni ehãa nii ni aduɔ yɛ nakai su lɛ mli baa jogbaŋŋ. Nakai nɔŋŋ Yesu tsakeɔ mɛini ŋmɛɔ lɛ gbɛ akɛ eba amɛwala mli lɛ. Etsakeɔ amɛ ni amɛhe baa sɛɛnamɔ babaoo hãa mɛi fee ni amɛbɛŋkeɔ, loo mɛini bɛŋkeɔ amɛ.

Afii 1960s kɛ miiya 1970s amli lɛ, onaa canna lilies ni amɛkwɛkwɛi yɛ gbɛi abui ahe kɛ nutamɔ hei ni jee mɔ ko du loo mɔ ko kuraa yɛ Gã majii pii amli.

Beni aashɛ otsii ejwɛ dãni Blonya be baashɛ lɛ, canna lily nãa kwelɔi kpakpai ejaakɛ Aharabata be hu eshɛ in nugbɔ enɛɛ. Canna lily ji Blonya fɔfɔi. Emli nɔni ebu lɛ woɔ fɔfɔi wuɔfɔ kɛ etsuru ni sa Blonya Gbɛkɛ Fɔfɔi Foo lɛ pɛ. Yei komɛi ahe esa kɛ bɔni akwɛɔ canna lily ni ewoɔ fɔfɔi babaoo koni kpɔnɔ afee fɛɔ Blonya be fɛ̃ɛ.

Kɛ akpa Blonya Gbɛkɛ sɔlemɔ pɛ, wekui srɔtoi bakpeɔ yɛ shĩa kome kɛha Blonya Gbɛkɛ Fɔfɔi Foo lɛ. Oblayei ni yɔɔ nakãi shĩa lɛ tsɔɔ hiɛ mra yɛ otsi lɛ mli ni amɛshãa gbɛi etɛ̃ ahe ni amɛkplɛ. Amɛtɛŋɔ nibii fɛfɛjii amɛwoɔ amɛhe ni efeɔ fɛɔ. Amɛŋmlãa

Nyɔŋmɔ wiemɔi bibii ni kɔɔ Yesu fɔmɔ he amɛ woo he hu. Gbɛi etɛ̃ nɛɛ dãmɔshi hã nyɔjii etɛ̃ ni baa dãni ayeɔ Yesu Amanehulu lɛ. Dãni mɛi baapue Blonya Gbɛkɛ Fɔfɔi Foo gbɛkɛ lɛ, amɛfoɔ nu amɛwooɔ gbɛi lɛ amli kɛkɛ lɛ amɛ kɛ ma okplɔ̃i etɛ̃ anɔ yɛ kpo lɛ nɔ. Nyɛ Awomɛi hu eshãshãi dɔkɔdɔkɔ nibii ómo kɛsáa sɛɛ: atsɔ̃mɔ, cake kɛ lamle.

Kɛ mɔfɛ̃ɛmɔ bashɛ pɛ, kɛkɛ lɛ awo Blonya lalai anɔ óokɛ áabo oshe. Etsɛɛ tsɔ kɛkɛ lɛ aje Blonya Gbɛkɛ Fɔfɔi Foo lɛ shishi. Gbékɛ̃ fɛ̃ɛ gbékɛ̃ kɛ onukpai teɔshi yatseɔ canna lily ni adu yɛ nakãi shĩa lɛ mli, kɛkɛ lɛ amɛ kɛ wo Blonya gbɛi lɛ amli. Ayaa lɛ ekome ekome. Nyɛmɛi kɛ tsɛmɛi waa amɛbii bibii kɛ fɔfɔi lɛ tsemɔ kɛ gbɛ lɛ mli woo. Gbɛi lɛ feɔ fɛo pam, ejaake efeɔ tamɔ ewo fɔfɔi agboi waa ko. Kɛ akɛ fɔfɔi lɛ wo gbɛ lɛ mli pɛ kɛkɛ lɛ ayimli kɛtee okplɔ̃nɔ ni akɛ kplɛkplei eshwie nɔ lɛ, kɛkɛ lɛ asusui ahã mɔfɛ̃ɛmɔ. Kplɛkplei lɛ hãa kponɔ feɔ feɔ tamɔ ŋulamii ni eje yɛ duŋ mli.

Lala ni alaa kɛ āatse fɔfɔi lɛ nɛ: "Tsoshishi Fã Ko Mli lɛ;" yɛ German mli ji, "Es ist ein Ros entsprungen." Ni Ngleshi Blɔfo mli nɛ, "Lo, How a Rose E'er Blooming." Nɛkɛ̃ lala nɛɛ jɛ Germany. Basel Sanekpakpa nitsulɔi lɛ kɛba Gã mli koni ala Blonya be mli.

Jee shĩa kome pɛ afeɔ Blonya Gbɛkɛ Fɔfɔi Foo lɛ yɛ. Kɛ afee yɛ mɔnɛ shĩa kɛkɛ lɛ ayiŋ kɛtee mɔkroko hu shĩa, kɛyaashi abaaya mɔfɛ̃ɛmɔ ni miisumɔ ni afee eko yɛ eshĩa. Blonya Gbɛkɛ Fɔfɔi Foo niifeemɔ nɛɛ maanɔ mi akɛ lɛlɛŋ Yesu ji Messiah ni agba akɛ ebaajɛ Ishai weku lɛ mli lɛ: *"Shi tsofɔ̃ ko aakwɛ kɛ aajɛ Ishai tsokuku lɛŋ, tsonine aajɛ eshishifã lɛŋ awo yibii."* Isaiah 11:1

Gbékɛ̃bii kɛ onukpai fɛ̃ɛ nyaa Blonya niyenii kɛ dɔkɔdɔkɔnii oklpɔ̃ he lɛ waa diɛŋtsɛ. Shi sani gbékɛ̃bii ayawɔ ejaake kɛ jetsɛre pɛ sani aya Blonya sɔlemɔ. Ni sani nyɛmɛi hu ateshi mra ahoo Blonya niyenii hu. Hewɔlɛ beni ŋmlɛ kome baaho nyɔŋŋ he nɛkɛ̃ pɛ abɔ̃i shia gbɛ plemɔ.

Obãasumɔ ni okɛ Blonya Gbɛkɛ Fɔfɔi Foo afata nyɛ Blonyayeli he lo?

QUESTIONS TO WORK ON WITH FAMILY AND FRIENDS

KƐ OSHĨABII KƐ NANYEMƐI AHÃ SAJII NƐƐ AHETOO

i. Describe two Christmas traditions in your home or culture. How are they different or similar to what you read in this book?

Té nyɛ yeɔ Blonya yɛ nyɛ shĩa kɛ nyɛmaŋ nyɛhãa tɛŋŋ? Ani nibii ni afeɔ lɛ ekomɛi je aloo ejée nɔni afeɔ yɛ wolo nɛɛ mli lɛ?

ii. If you are asked to create your own Christmas tradition, what would it be? Describe it.

Eshɛ bo hu onɔ ni osɔ̃ɔ bodiɛŋtsɛ OBlonya nifeemɔ ko krɛdɛɛ. Obāasumɔ ni ogbla mli otsɔ̃ɔ wɔ lo?

iii. Which of the festivities in this book would you like to adopt to celebrate Christmas and Why?

Blonya nifeemɔi ni wɔwie he yɛ wolo nɛɛ mli lɛ, eko yɛ ni obaasumɔ ni okɔ kɛfee onɔ? Mɛni hewɔ?

Tso Shishifã Ko Mli Lɛ (Gã)
Es ist ein Ros entsprungen (German)

Lo, How a Rose E'er Blooming

And there shall come forth a rod out of the stem of Jesse, and a Branch shall grow out of his roots....
which shall stand for an ensign of the people; to it shall the Gentiles seek: and his rest shall be glorious. Isa. 11:1,10

1. Lo, how a Rose e'er bloom-ing From ten-der stem hath sprung!
2. I-sa-iah 'twas fore-told it, The Rose I have in mind;
3. This Flow'r, whose fra-grance ten-der With sweet-ness fills the air,

Of Jes-se's lin-eage com-ing, As men of old have sung.
With Ma-ry we be-hold it, The vir-gin moth-er kind.
Dis-pels with glo-rious splen-dor The dark-ness eve-ry-where.

It came, a flow'r-et bright, A-mid the cold of win-ter, When half spent was the night.
To show God's love a-right, She bore to men a Sav-ior, When half spent was the night.
True man, yet ve-ry God, From sin and death He saves us, And light-ens eve-ry load.

WORDS: Traditional German carol, *pub.*1599; *tr.* by Theodore Baker, 1894; *v. 3* by Friedrich Layritz, 1844; *tr.* by Harriet R Krauth, 1875.
MUSIC: "Es Ist Ein Ros"; German melody, *pub.*1599; *har.* by Michael Praetorius, 1609. Public Domain.

Tso shishifã ko mli lɛ
tsofɔbi fɛo jɛ
Wɔnu yɛ blemabii lɛ
anaa: Ishai mli
ni su lɛ je kɛba
Batsɛ̃ fɔfɔi fioo ko
yɛ nyɔŋŋ teŋ tete kwa

Tsofɔbi ni mitsui tã
ni tsɛ̃ fɔfɔi lɛ nɛ,
Oblayoo ni Yesaia
etsĩ etã lɛ nɛ,
Yɛ Nyɔŋmɔ ŋaa lɛ ŋaa
ni efɔ bi fufɔo
Yɛ nyɔŋŋ ten tete kwa

Fɔfɔi fioo fɛɛfɛo lɛ
jeŋma eha wo pii ;
ela lɛ shwie duŋ lɛ,
Ni wala je emli
Gbɔmɔ kɛ Nyɔŋmɔ ni!
Ekpɔ̃ wɔ yɛ amane,
esha kɛ gbele mli.

Anumnyam yɛ ŋwɛi flooflo
(Glory to God in the highest)

Anonymous

Afɔ Gbekɛ̃nuu ahã wɔ

(Unto us a son is given)

Composed by J. Zimmermann, 1861

Afɔ Gbekẽnuu ahã wɔ | •Zimmermann

Ŋulami Ni Jɛ Boka

Anonymus

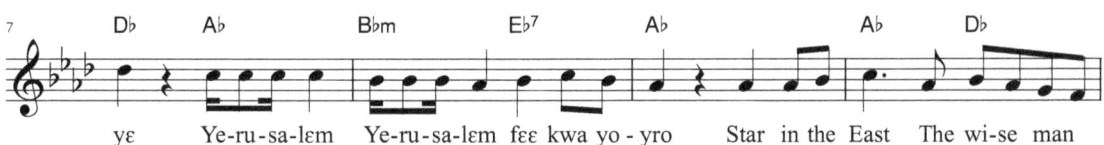

GHANAIAN CHRISTMAS ACCENTS
GHANA BLONYA SAAMƆNIBII

Build Your Own Christmas Hut
Maa Bodiɛŋtsɛ OBlonyatsu

Build Your Own (multipurpose) Christmas Hut
I have designed a Christmas hut which can be built from common lumber types and sizes like 2x4s and 2x2s. Get a hammer and nails as well. You can choose to build one of three different sizes: large, medium, or small (tabletop). Do not be afraid to experiment with designs and materials of your own.

The Christmas huts can be used as sitting room center tables or corner tables. Make sure they are polished nicely. The same hut structure can be used year after year. Discard the coconut fronds which normally brown after a week or so. The only thing left to do each Christmas is to weave fresh coconut fronds to enclose the structure as shown.

Maa Bodiɛŋtsɛ OBlonyatsu
Miitsɔ̃ɔ bɔni obafee ni bodiɛŋtsɛ obaama Blonyatsu kɛ tsei in akɛ fɔɔ nimaa titri tamɔ 2x2s kɛ 2x4s. Obaahia nɔtswaanɔ kɛ plɛkoo hu. Obaanyɛ oma agbo nɔ, teŋ nɔ, aloo bibio (nɔni obaanyɛ okɛ ma okplɔ̃ nɔ). Kɛji óosumɔ hu lɛ feemɔ lɛ bɔni bo otao hu. Ni jée dóo akɛ okɛ tso ama.

Nɔni hi yɛ Blonyatsu nɛɛ he nɛ; kɛ aye Blonya atã lɛ obaanyɛ okɛfee asa teŋ okplɔ̃; obaanyɛ okɛ emli bibio lɛ hu ama asa-sei kɔŋ nɔ. Belɛ nɔni sani ofee ji akɛ oshɔɔ he ni osha he kɛ polish ni eklpɛ ni ehe atse. Agbɛnɛ hu ehe ehiáa ni okla Blonyatsu dɔŋŋ shi mɔŋ shɛrɛmɔ akokoshi nijii ni gbiɔ otsi mli lɛ ofɔ̃. Daa Blonya lɛ obāaloo akokoshi nijii hee kɛha he kɛkɛ, bɛɛ ogbenaa.

Component	Large Hut (36" X 24" X 30")	Medium Hut (24" by 14" X 24")	Small Hut (18" X 10" X 12")
A	2x4x30" (4 pieces)	2x4x24" (4 pieces)	2x2x12" (4 pieces)
B1 B1-A B2 B3	2x2x32" (2 pieces) 2x4x32" (1 piece) 2x4x20" (1 piece) 2x4x4" (2 pieces)	2x2x20" (2 pieces) 2x4x20" (1 piece) 2x4x12" (1 piece) 2x4x2" (2 pieces)	2x2x14" (2 pieces) 2x2x14" (1 piece) 2x2x6" (1 piece) 2x2x2" (2 pieces)
C	2x2x16" (4 pieces)	2x2x6" (4 pieces)	2x2x6" (4 pieces)
D	2x4x24" (2 pieces)	2x4x18" (2 pieces)	2x2x8" (2 pieces)
E1 E2	36x24" board (1 piece) 36x16" board (1 piece)	24x14" board (1 piece) 24x6" board (1 piece)	18x10" board (1 piece) 18x6" board (1 piece)

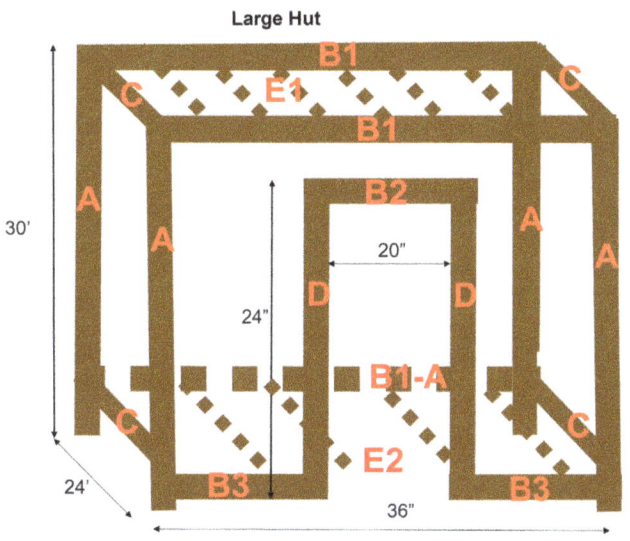

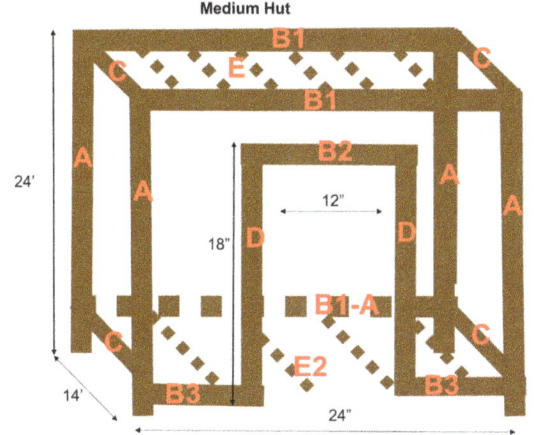

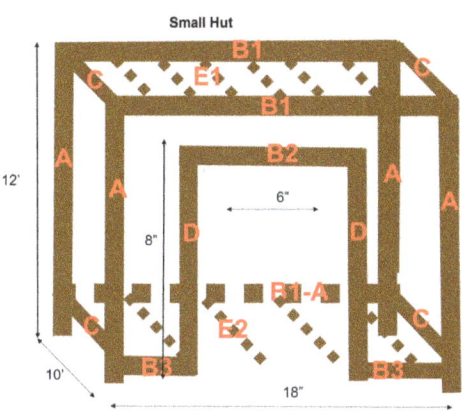

Step by Step Directions
Bɔni amaa Blonyatsu ahãa nɛ

Step 1 – Gather the following materials

Shishijee – Buamɔ nibii nɛɛ anaa

Step 2

Notsamo 1

Step 3

Notsamo 2

Step 4

Notsamo 3

Step 5

Notsamo 4

Step 6

Notsamo 5

GHANAIAN CHRISTMAS TREATS
BLONYA DAŊJIEMƆ NIYENII

Achomo (twisted cakes) Recipe
Ingredients

375 grams of all-purpose flour
150 grams of margarine or butter cubed
100 grams (½ cup) of granulated sugar
125 ml (½ cup) of milk
(a mix of 62.6ml of evaporated milk and 62.6 ml of water)

½ teaspoon vanilla extract
½ teaspoon ground nutmeg
½ teaspoon baking powder
1 egg

Whisk egg, then add milk and vanilla and mix them all together thoroughly. Sift flour, nutmeg, salt and baking powder together in a bowl. Then add sugar and mix well.

Add cubed margarine or butter to flour mix and work it into the flour to look like bread crumbs. Next add the whisked egg mixture into the flour and mix well until it becomes a dough.

Flour surface and roll dough to about ¼ inch thick or a bit more. Cut them into 1 inch wide strips. Next, cut each strip into smaller strips of about 3 inches long. Use a knife to make a slit in the middle of the 3 inch strip. Take one end of the trip and run it through the cut slit and out. Repeat this process for all the cut strips. It is because of this process this treat is called twisted cakes.

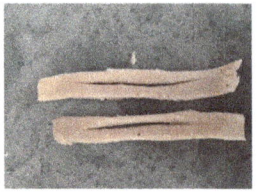

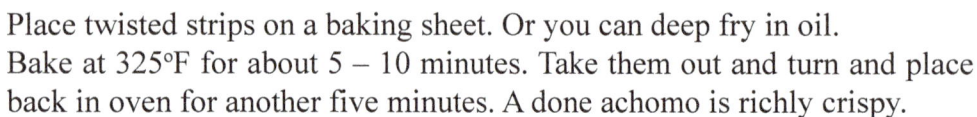

Place twisted strips on a baking sheet. Or you can deep fry in oil.
Bake at 325°F for about 5 – 10 minutes. Take them out and turn and place back in oven for another five minutes. A done achomo is richly crispy.

Atsɔmɔ Feemɔ

Nibii

ashikishaŋ 375 grams	vanilla extract ½ awale bibio
margarine loo bɔta 150 grams	nutmeg ½ awale bibio
sikle 100 grams	baking powder ½ awale bibio
mliki ni afutu mli kɛ nu 125ml	wuɔwɔlɔ 1

Tswaa wuɔwɔlɔ lɛ. Kɛ ogbenaa lɛ, kɛ vanilla afutu mli. Sháa ashikishaŋ, ŋoo, nutmeg kɛ baking powder yɛ okpolu fio mli. Tsɔ̃ sikle lɛ owo mli ni okɛ futu.

Kɛ ogbenaa lɛ, kɛ margarine lɛ afutu mli fɛɛ ojogbaŋŋ. Fɔtemɔ mliki ni ofutu omo lɛ ofata ashikishaŋ ni ofutu momo lɛ mli ni ofutu fɛɛ ojogbaŋŋ ekoŋŋ.

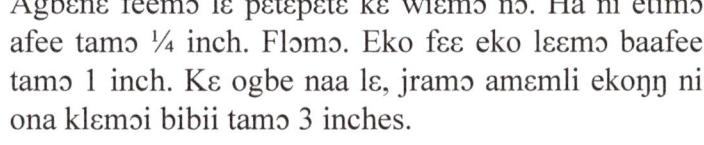

Agbɛnɛ feemɔ lɛ pɛtɛpɛtɛ kɛ wiɛmɔ nɔ. Hã ni etimɔ afee tamɔ ¼ inch. Flɔmɔ. Eko fɛɛ eko lɛɛmɔ baafee tamɔ 1 inch. Kɛ ogbe naa lɛ, jramɔ amɛmli ekoŋŋ ni ona klɛmɔi bibii tamɔ 3 inches.

Nɛkɛ̃ klɛmɔi bibii nɛɛ, gblamɔ amɛtɛŋ tɛ̃ɛ kɛ kakla. Kɛ nabu kome atsɔ̃ heni ogba yɛ teŋ lɛ tamɔ ootsrɛ̃ abui. Enɛ hewɔ atsɛɔ lɛ atsɔ̃mɔ lɛ.

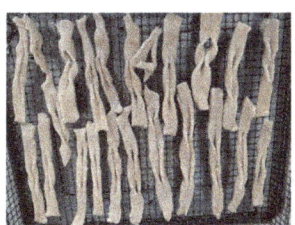

Loomɔ oshwie nishãa ni lɛ mli. Kɛ oosumɔ hu obaanyɛ oshi yɛ fɔ mli hu. Kɛwo flɔ̃nɔɔ lɛ mli. Hã ni flɔ̃nɔɔ lɛ dɔlɛ afee tamɔ 325°F. Kwɛmɔ hũ̀ aafee tamɔ hĩŋmɛitswaa 5-10, kɛkɛ lɛ jiemɔ ni otsɔ̃mɔ amɛ. Kwɛmɔ aafee tamɔ hĩŋmɛitswaa 5-10 ni ojie ni okwɛ akɛ amɛbe lo. Kɛ ebe lɛ, ebaafee grigriw yɛ odaŋ.

Christmas Bread Figures Baked on Leaves/Blonya Tsobi Blodo

You may use any bread dough recipe of your choice. Kɛ oyɛ bɔni ofutuɔ oblodo lɛ feemɔ lɛ nakãi.

Ingredients/Nibii

6 cups flour	2½ cups water	Ashikishaŋ 6 kɔpoo	Ŋoo awalefio 1
1/3 cup sugar	1 teaspoon vanilla extract	Sikle 1/3 kɔpoo	Nu – 2½ kɔpoo
3 tablespoons oil	1 teaspoon of ground nutmeg	Fɔ niyeli awale 3	Vanilla awalefio 1
1 teaspoon salt	3-4 teaspoons yeast	Yeast 3-4 awalefio	Nutmeg awalefio 1

- Use your fingers to flatten dough a bit.

- Kɛ owaabii anyɛmɔ ashikishaŋ ni okpɔtɔ lɛ nɔ koni efumɔ lɛ abashi fioo.

  - Cut them up into lengths of 3 inches. Thickness should be about one inch.

  - Flɔmɔ lɛ 3 inches kukujii. Hã ni amɛtimɔ afee tamɔ 1 inch ko.

- Use your fingers to flatten one end of the 3 inch strip to make the head. Squeeze the bottom of it to make a neck. At the other end, cut through the center all the way to the middle of the length to get two legs for the figure.

- Kɔ kuku kome ni okɛ owaabii anyɛmɔ eyitso gbɛ ni efee tamɔ yitso kokloo. Miamɔ yitso lɛ shishi koni ona kuɛ. Agbɛnɛ kɛ kakla afo kuku lɛ teŋ yɛ najiaŋshi gbɛ tɛɛ kɛbashi emiteŋ gbɛ, kɛkɛ lɛ ona najii ohã lɛ. Feemɔ nakai ohã kukujii lɛ fɛɛ.

  - Take another 3 inch strip and lay across the figure to create hands. Press it into the strip well. Place two raisins on the head for eyes. Press them in well else they will fall off while baking.

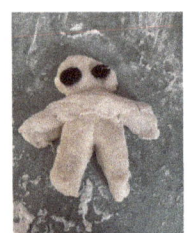

  - Agbɛnɛ kɔ kukujii lɛ ekome ni okɛ ble nɔni ohã lɛ yitso, kuɛ, kɛ najii lɛ, koni ena nijii. Kɛ sikle yibii enyɔ afee hĩŋmɛi aha gbɔmɔ ni oshɔ lɛ. Tsi sikle yibii lɛ owo yitso lɛ mli jogbaŋŋ lɛ amɛbaa je mli kɛ ooshã.

- Line baking sheet with aboloo or banana leaves. Arrange figures on it. Let them rise till double in size, about an hour. Oven must be preheated at 350°F. Bake for 15 minutes.

- Háa nishãani lɛ mli kɛ aboloo baa aloo akwadu baa. Hã ni emashi ni efu. Suu oflɔ̃nɔɔ lɛ. Hã ni emli adɔ tamɔ 350°F dani okɛ blodo lɛ awo mli. Shãa amɛ aafee hĩŋmɛitswaa 15.

- Remove, decorate, and enjoy.

- Ebe. Jiemɔ, saamɔ kɛ nibii ni osumɔɔ. Ye kɛ miishɛɛ.

68

ACKNOWLEDGEMENTS

"To him who sits on the throne and to the Lamb be praise and honor and glory and power, for ever and ever!" Revelation 5:13b

Many hands make light work. My mother, Mrs. Grace Fofo Ollennu, was one of the hands. Her contributions through investigation and her own knowledge has ensured a high degree of accuracy of the book contents. A retired teacher, her pen got busy, editing the Gã language to catch grammar typos and other shortcomings throughout the manuscript. She has been a bulwark of strength on this journey. She is really loved and appreciated.

A very special thanks to Mrs. Juliana Akoley Gogo who invited me many times over to her home while I was in university decades ago, to enjoy Christmas traditions carried over from the Andrews family of La (Zion House), some of which have been shared in this book. A heartfelt gratitude to Mrs. Rose Tagoe-Quaye for her constant support and providing historical information to enrich the narrative.

She who finds a good husband finds a good thing. Deheer my husband is such a find. Thank you for your encouragement, insightful feedback, and reviews. Thank you also for illustrating the Christmas Hut framework. Special appreciation goes to Essilfua and Chris, my daughter and son-in-law, who played on the piano all transcribed Gã carols to ensure they have been done correctly. To the rest of my adult children, Amerley Fraikua, Trebi, and Papa thank you all for providing great feedback on the illustrations and layout. You are very much cherished and appreciated. Finally, to all my siblings, relatives, and friends, thank you all for sharing in my writing journey.

SHIDAA

"Jɔɔmɔ kɛ woo kɛ anumnyam kɛ nɔyeli ahã mɔ ni ta maŋtsɛ sɛi lɛ nɔ lɛ kɛ Toobi lɛ kɛya naanɔi anaanɔ!" Kpojiemɔ 5:13b

Mɔ kɛ mɔ woo nɔ ni eyaa nɔ. Lɛlɛŋ minyɛ awo, Grace Fofo Ollennu, wa kɛ sajii amli kolimɔ koni wolo lɛŋ nii fɛɛ afee nɔni ja, kɛ anɔkwalɛ hu shiŋŋ. Tsɔɔlɔ ni ekpa nitsɔɔmɔ ji lɛ, nohewɔ lɛ ebɔ mɔdɛŋ hu kɛ Gã ŋmaa lɛ jajemɔ koni shishinumɔ lɛ amɔ shi ojogbaŋŋ.

Shidaa ŋma kpakpa ko mi kɛ hãa Owulaŋa Juliana Akoley Gogo. Mi university beiaŋ fɛɛ lɛ ebɔ mɔdɛŋ akɛ mikɛ amɛ aye Blonya, heni mikase Blonyayeli nibii krɛdɛɛ komɛi ni amɛ hu amɛkase kɛjɛ Andrews Weku shĩabii adɛŋ yɛ La. Mikɛ ekomɛi ewo wolo nɛɛ mli. Shidaa kple hu mikɛ hãa Owulaŋa Rose Tagoe-Quaye kɛ ewamɔ kɛ emɔdɛŋbɔɔ kɛ sajii amli botemɔ ni hã wolo nɛɛ eye emuu lɛ.

Wu kpakpa namɔ aana! Bɛ' mihefatalɔ Deheer shi midaa nɛɛ. Eji mɔ ko ni woɔmɔ ekãa ni ekɛ ehewalɛ kɛ enilee pia nitsumɔ lɛ sɛɛ naakpa. Agbɛnɛ hu ebɔ mɔdɛŋ ni etɛŋ Blonyatsu klamɔ mfonirii ni yɔɔ wolo nɛɛ mli lɛ hu. Mikɛ shidaa babaoo miihã mibiyoo Essilfua kɛ ewu Chris. Amɛtswa Gã Blonya lalai ni atsɔɔ mli kɛwo sheet music nɔ yɛ saŋku nɔ ni amɛkwɛ akɛ fɛɛ ja lo. Shidaa kple sa mibii ni eshwɛ lɛ hu, Amerley Fraikua, Trebi, kɛ Papa kɛ amɛŋaawoo bibii ni amɛkɛ pia nitsumɔ lɛ sɛɛ. Kɛ mina nyɛ lɛ kɛkɛ lɛ mina miishɛɛ; suɔmɔ sɔŋŋ. Minyɛmimɛi, wekumɛi, kɛ nanyemɛi fɛɛ ni woɔmi hewalɛ afii babaoo kɛ wojii lɛ ŋmlamɔ lɛ, nyɛfɛɛ nyɛ yiwaladɔŋ diɛŋtsɛ.

About the Author

Flora Trebi Ollennu is both a fiction and non-fiction writer. Her children's titles include *Sunbeamy series, Crackling Cans series, Shogologo Babies, My Daily Walk series* and *28 Days of Homowo*. Her adult titles include *Unquenchable Fire* and *The Tourist's Story*. And she has not resisted publishing articles in both academic and literary journals.

Flora Trebi-Ollennu holds a BSc (Hons) Planning from the Kwame Nkrumah University of Science and Technology, Kumasi, Ghana and a Masters in Geography from the University of Saskatchewan, Canada.

A Christian, she is fascinated with how the story of the Cross is transforming cultures for the good of humanity. The fascinating eloquence of good books and how they impact people and nations, giving them hope for the future, never ceases to amaze her. Flora Trebi-Ollennu lives in Beaumont, Alberta, with her family of four adult children.

Wolo Ŋmalɔ Lɛ

Flora Trebi-Ollennu ŋmaa adesãi kɛ nikasemɔ wojii ehãa gbékɛ̃bii kɛ onukpai fɛɛ. Egbékɛ̃bii awojii lɛ ekomɛi ji, *Sunbeamy series, Crackling Cans series, Shogologo Babies, My Daily Walk series* kɛ *Homowo Gbii 28*; ni onukpai anɔ ekomɛi ji, *Unquenchable Fire* kɛ *The Tourist's Story*. Agbɛnɛ hu eŋmlaa wojii bibii hu ewoɔ nikasemɔhe agboi awojii amli. Flora Trebi-Ollennu hiɛ degree yɛ Planning ni ena kɛjɛ Kwame Nkrumah University of Science and Technology, Kumasi, Ghana, kɛ emli nɔni ji enyɔ kɛjɛ University of Saskatchewan, Canada. Akɛ ni Kristofonyo ji lɛ hewɔ lɛ enyaa kɛji ekwɛ bɔni Sɛ̃ŋmɔtso lɛ sane lɛ miitsake jakui pii kɛ nɔyaa kɛ hiɛgbelemɔ kpakpa kɛ hiɛnɔkamɔ. Flora Trebi-Ollennu kɛ ehefatalɔ kɛ ebii ejwɛ lɛ hiɔ shi yɛ Alberta.

About the Illustrator

Ljupka Stojkova is an emerging extraordinary illustrator. Stojkova majored in Interior design. However, she found herself advancing towards illustration and graphic design. Currently she lives in Kochani, North Macedonia, where she works on her illustration projects.

Љупка Стојкова е дипломиран студент по внатрешен дизајн, но сепак својата кариера ја пренасочи кон илустрации и графички дизајн. Во моментов живее во Кочани, Северна Македонија, каде што работи на своите креативни проекти.

www.ingramcontent.com/pod-product-compliance
Lightning Source LLC
Chambersburg PA
CBHW042358280426
43661CB00096B/1157